AF253781

Souvenirs de la Commune de Paris

MAI 1871

LA
NUIT D'UN OTAGE

RACONTÉE PAR LUI-MÊME

Eug. CRÉPIN,

Ex otage civil de la troisième Section
Fondateur de la Société des otages survivants

Rue Haxo, 79.

PARIS

JULES LE CLERE ET Cie

IMPRIMEURS DE N. S. P. LE PAPE ET DE L'ARCHEVÊCHÉ DE PARIS
RUE CASSETTE, 29, PRÈS SAINT-SULPICE

—

1873

MAI 1871

LA

NUIT D'UN OTAGE

RACONTÉE PAR LUI-MÊME

Eug. CRÉPIN,

Ex-otage civil de la troisième section,
Fondateur de la Société des otages survivants.

Rue Haxo, 79.

PARIS

IMPRIMERIE JULES LE CLERE ET Cⁱᵉ

RUE CASSETTE, 29.

1873

INTRODUCTION

Mon intention ici n'est pas de raviver des
haines et des colères ou de vouloir attirer des
représailles de n'importe quel côté : sorti de la
classe ouvrière et ouvrier depuis mon jeune âge,
je veux faire comprendre aux ouvriers, mes frères,
combien il est facile de les égarer par des paroles
subsersives de tout ordre social, matériel et
moral.

Je ne suis ni rhéteur, ni phraseur : mon récit
n'est que le résumé succinct des mauvais trai-
tements que m'ont fait subir des gens qui, pour la
plupart, n'avaient aucune position sociale, faisaient partie de ceux qu'on appelle les déclassés
et qui, dans les moments de trouble, appellent à
leur aide tout ce qu'il y a de mauvais dans la
tourbe humanitaire ; des gens qui, se disant
ouvriers et peuple, n'ont jamais été que des pares-

seux ou des parasites, et, ne pouvant se suffire à eux-mêmes, prennent l'humanité en haine, ne se souvenant pas de ces divines paroles : « *Ne faites pas à autrui ce que vous ne voudriez pas qu'on vous fît.* »

N'ayant jamais été utiles à leurs semblables, ils ont quelques phrases creuses et ronflantes à leur service, pour pallier auprès des simples leurs alliances avec les voleurs et les assassins, puis s'imposent par des menaces ou des actes inqualifiables aux gens faibles et nécessiteux, qu'ils abondonnent lâchement lorsqu'ils sont à bout de ressources.

MAI 1871

LA
NUIT D'UN OTAGE

RACONTÉE PAR LUI-MÊME

PREMIÈRE PARTIE

Pendant le règne de la Commune de Paris, j'occupais une trentaine d'ouvriers à des travaux de cordonnerie, ce qui les mettait à même de faire vivre leurs familles sans avoir besoin de l'allocation affectée aux gardes nationaux combattants, et je dérobais ainsi autant de bras à l'émeute.

Sachant que j'exerçais une certaine influence sur tous mes hommes, le général de la Commune Dombrowski me fit proposer par le colonel de fédérés Lenfant de prendre le commandement du 26ᵉ bataillon.

J'avais eu, avant et pendant le siége, des relations de bon voisinage avec ce Lenfant ; je le savais honnête homme au fond ; je lui fis observer d'abord que je n'avais jamais été militaire et ne pouvais me charger d'un pareil commandement. Il me dit que cela n'y faisait rien et qu'il ne fallait que de l'énergie.

Je lui reprochai alors l'odieux de sa conduite, et lui fis comprendre qu'il avait fait fausse route. Il me répondit qu'il avait tellement souffert de la capitulation de Paris, qu'il avait cru devoir continuer la guerre, mais qu'il s'était aperçu plus tard qu'il s'était fourvoyé en compagnie de misérables, qu'il était emporté par un mauvais courant qu'il ne pouvait dompter, et qu'il n'avait plus qu'à se faire tuer : c'est ce qui lui arriva lorsqu'il occupait la fabrique Kun, à Clichy.

On me fit réitérer cette offre, mais sur mon refus énergique et persistant on me fit arrêter le 2 mai 1871, en mon domicile rue Debain, n° 26, commune de Saint-Ouen, sous le futile et faux prétexte que j'entretenais des relations avec Versailles.

Une dixaine de fédérés, conduits par un caporal nommé Lacroix et surveillés par un capitaine nommé Dieumegard, envahirent mon domicile peu après le départ de mes ouvriers pour aller prendre leur repas, et, me couchant en joue, m'intimèrent l'ordre de ne pas bouger sous peine de mort ; pendant ce temps, ma femme et mes enfants étaient gardés à vue.

Après avoir fait perquisition chez moi et avoir enlevé 350 fr. en or et divers objets de valeur, ils m'emmenèrent au milieu d'eux, en me menaçant toujours de me fusiller, d'abord à la mairie de Saint-Ouen où l'on me jeta dans un cachot où se trouvaient quatre fédérés indisciplinés qui proféraient les plus horribles blasphèmes.

Je demandai avec instance à parler au maire de la localité, mais on s'y refusa, et on me fit sortir au bout de quatre heures, en me disant qu'on allait me conduire aux autorités supérieures.

Le caporal Lacroix et quatre hommes à moitié ivres m'emmenèrent à l'ex-préfecture de police ; pendant le trajet on me fit insulter et menacer par des hommes ivres et hébétés se disant républicains et qui criaient : A mort le royaliste !

Sur le parcours nous entrâmes chez plusieurs marchands de vin, où mon escorte buvait et me forçait à payer ses consommations ; dans une des dernières haltes qui se fit chez le marchand (1) de

(1) Je suis allé depuis voir la maîtresse de cet établisse-

vin rue Montmartre 24, ils me dirent avec le sérieux d'hommes avinés : « C'est la dernière halte
que nous allons faire, citoyen, si vous avez quelque
chose à faire dire à votre famille, profitez-en. —
Misérables, m'écriai-je, conduisez-moi où vous
voudrez et laissez-moi tranquille ensuite. »

Ils se mirent à rire d'un air bestial, et si j'avais
été seul avec ces misérables, je me serais rué sur
eux malgré leurs armes et je suis convaincu que je
les aurais mis en fuite, car ce ne pouvait être que
des lâches.

Ils étaient hésitants dans leur marche et me
firent faire plusieurs détours pour aller au Dépôt.

Arrivés là, on refusa de me recevoir, mon arrestation ne paraissant ni légale ni motivée ; mais le
caporal Lacroix, qui s'acharnait après moi, insista en
disant qu'il avait la preuve que je communiquais
avec Versailles.

Comment fournit-il la preuve de ce mensonge ?
Je l'ignore encore. On me fit alors descendre au
greffe, et après m'avoir demandé mes nom et pré-
noms, on me fit passer à la cellule n° 188, annexe
basse.

Je restai sept jours dans cette prison, pendant
lesquels je fus au secret le plus absolu. J'écrivis

ment, qui s'est parfaitement souvenue de moi et de cet
incident.

au directeur pour lui demander une audience; il vint me trouver dans ma cellule, et je le priai de me dire s'il avait connaissance du motif de mon arrestation et de mon incarcération. Il me répondit négativement, mais me promit de s'en enquérir : je n'en entendis plus parler.

Le 9 mai, un gardien vint m'ouvrir et me dit que j'étais libre. A cette bonne nouvelle, je lui donnai le pain et les vivres que je possédais, et que ma femme me faisait passer tous les jours ; mais, arrivé au greffe, on me signifia que j'allais être transféré à Mazas. En effet, on me fit monter dans une voiture cellulaire, où je dus entrer dans un compartiment trop petit pour moi seul, et qui était déjà occupé par un brave marin, chevalier de la Légion d'honneur, porteur de plusieurs médailles, celui qui, sous le siége contre les Prussiens, avait été réputé le meilleur pointeur de Saint-Denis.

Arrivé à Mazas, on m'installa d'abord dans la cellule n° 110 de la 6ᵉ section ; mais ayant demandé au directeur des travaux à m'occuper de mon état, on me mit à la 2ᵉ section, cellule n° 100.

Je restai treize jours dans cette prison, au secret le plus absolu ; je ne pouvais voir personne de ma famille ; ma femme avait obtenu seulement de m'apporter des vivres.

Je demandai plusieurs fois à mes gardiens, qui

étaient assez bons et complaisants, à qui je pourrais m'adresser pour sortir de cette situation horrible ; ils me conseillèrent d'écrire au citoyen Moiret, chargé de l'instruction ; je lui écrivis plusieurs lettres, qui toutes restèrent sans réponses.

Le 21 mai, un aide-de-camp de Dombrowski, accompagné du directeur Garaud, vieillard à cheveux blancs, vint dans ma cellule me proposer de nouveau de servir la Commune avec le grade de colonel : je repoussai encore ces avances, que d'autres qui étaient incarcérés comme moi, mais pour d'autres motifs probablement, acceptèrent.

J'aurais pu me tirer de ce mauvais pas en déclarant mon lieu de naissance, puisque je suis né à Zommanges (Meurthe) le 5 décembre 1828, pays annexé aujourd'hui, opter pour la nationalité prussienne, et me faire réclamer des Prussiens, comme quelques uns l'ont fait ; mais né Français, je veux mourir Français.

Le 23 mai au matin, un gardien vint me dire de préparer mes effets et de rendre mon travail ; que j'étais enfin libre. Mais c'était encore une fausse joie, car, arrivé au greffe, on me fit monter, en compagnie de sept ecclésiastiques et de deux otages civils (1), dans une voiture de transport des mar-

(1) C'étaient : MM. l'abbé Bacuez, directeur du séminaire de Saint-Sulpice ; l'abbé Guillon, l'abbé Amodru, vicaires

chandises de la compagnie du chemin de fer de Lyon (1); une autre voiture suivait, où l'on avait fait monter des ecclésiastiques au nombre d'une vingtaine environ, parmi lesquels se trouvait le P. Perny, vieillard vénérable, qui a passé la moitié de sa vie au milieu des peuplades sauvages et en Chine, et qui m'a avoué plus tard n'avoir jamais vu scènes aussi scandaleuses et aussi sauvages que pendant la Commune, et tant d'autres dont on trouvera les noms dans l'excellente brochure de M. l'abbé Amodru, publiée en 1871.

Dans le trajet de Mazas à la Roquette, qui se fit au pas, une foule inconsciente nous lançait des injures à la face et menaçait de nous faire un mauvais parti.

Je demandai à l'un des fédérés qui nous escortait le motif de notre transfèrement; il me répondit d'un air goguenard : « *C'est probablement pour vous flingoter.* » (Sic). Je me rappelai alors que j'avais lu au dos de la pancarte suspendue à la porte

de Notre-Dame des Victoires; l'abbé Lamazou, vicaire à la Madeleine; l'abbé Suge, fondateur des Jeunes Aveugles, rue d'Enfer ; le R. P. Bazin ; l'abbé Guebels; MM. Walbert et Géraux, otages civils.

(1) M. Géraux dit alors à son voisin M. Walbert : « Mais cela sent diantrement la poudre! — Pourquoi nous fusillerait-on? lui dit ce dernier d'un ton calme, nous n'avons pas fait de mal. » Mais la figure sinistre de nos gardiens fit cesser leur conversation.

de ma cellule et qu'on m'avait dit de descendre au greffe, où on la garda : *Condamné à mort.*

Arrivés à la Roquette, on parqua les prisonniers des deux voitures dans le parloir, qui était d'une malpropreté repoussante ; on nous fit attendre une heure et demie environ, mais étant ainsi réunis, depuis si longtemps que nous n'avions vu que les figures de nos gardiens, le temps nous parut relativement court ; nous pûmes échanger nos impressions, apprendre à nous connaître ; chacun faisait part aux autres de ses appréhensions personnelles. et les prêtres s'exhortaient et nous exhortaient tous à la patience et à la résignation aux desseins de la Providence à notre égard.

Enfin, le gardien-chef Ramain ouvrit la porte, et nous interpellant : « *Citoyens,* vous allez répondre à l'appel de *monsieur* le Directeur. »

Nous vîmes alors se présenter à la porte *monsieur* le directeur François, une liste à la main, la pipe à la bouche qu'il ne retirait que pour appeler un nom, affublé d'un pantalon rouge, d'une ceinture rouge qui lui montait jusques sous l'aisselle, en bras de chemise et tête nue.

A l'appel de chaque nom, le titulaire passait dans un grand couloir derrière *monsieur* le directeur. A ce moment je crus qu'on allait nous fusiller, et je m'étais promis intérieurement de bondir sur le premier bandit qui serait venu pour me garrotter ou me toucher, de lui prendre son fusil et de le tuer, et de ne pas mourir sans m'être défendu ni sans combattre ; mais, heureusement pour moi et mes compagnons de captivité, aucun fédéré ne s'est montré à nous : j'aurais mis immédiatement mon projet à exécution.

L'appel fini, *monsieur* le directeur se tourne vers nous et dit à Ramain de nous envoyer tant à la 3ᵉ qu'à la 4ᵉ section, par escouades de dix environ.

Sans arrière-pensée, sans entente, nous nous trouvâmes les dix de la même voiture aux premiers rangs et nous fûmes placés à la 3ᵉ section (1) où il y avait déjà quatre-vingt-deux militaires, qui, sortis des hôpitaux ou des ambulances après la déclaration de la Commune, étaient incarcérés afin qu'ils ne pussent faire leur devoir en rejoignant leurs corps respectifs ; mais nous ne pûmes tout d'abord communiquer avec eux.

Nous choisîmes nos cellules au hasard et nous nous trouvâmes, les trois laïques, voisins de cellules ; une fenêtre sert à deux, j'étais voisin de fenêtre avec M. Walbert ; et de l'autre côté se trouvait M. Géran, avec qui je communiquais à travers la cloison. Les prêtres se trouvaient dans des cel-

(1) Ce fut la seule section dont *tous* les membres furent miraculeusement épargnés.

lules voisines à notre droite et à notre gauche.

Ces locaux étaient d'une saleté écœurante; j'ai pu, avec quelque argent que j'avais en partie gagné à Mazas, faire nettoyer la mienne par un auxiliaire, et obtenir d'un gardien qu'on donnerait des draps à notre section, objet de propreté qu'aucun otage n'avait pu obtenir jusqu'alors, puisque Mgr Darboy lui-même et les autres illustres martyrs n'en avaient pas.

Le lendemain matin, lorsqu'on ouvrit les portes de nos cellules, nous étions treize : on nous avait adjoint pendant la nuit trois compagnons de captivité : MM. l'abbé Carré et l'abbé de Pontalier, vicaires à Belleville, et M. l'abbé Delmas.

Le mercredi 24 mai à midi, on nous permit de descendre dans le chemin de ronde : c'est la seule fois où tous les otages furent réunis, à l'exception des militaires : il n'y avait pas encore eu d'exécutions.

J'eus l'occasion d'adresser quelques mots à Mgr Darboy, qui me demanda, voyant ma tenue d'ouvrier, car j'avais encore mon tablier devant moi tel que j'avais été enlevé de mon domicile, quel était le motif de mon séjour parmi les prêtres : je lui dis que je n'avais pas voulu servir la Commune. « Ah! oui, me dit-il, c'est un crime devant ses chefs! — Et vous, Monseigneur, répliquai-je, quel est votre crime? — Ah! moi, je suis prêtre et c'est un crime très-grand pour eux. »

Le vénérable M. Deguerry qui l'accompagnait et toujours souriant me fit un geste amical, et ils continuèrent leur promenade.

Je me trouvai sur le chemin du R. P. Allard, avec qui je me promenai environ une demi-heure. C'était un petit vieillard à figure sympathique et bienveillante et qui ne tarissait d'éloges sur l'archevêque, qui lui avait fait parvenir de l'argent élant à Mazas, car lui était très-pauvre : il me parut un peu exalté, et il me donna une pièce de vers de sa composition, que je possède encore.

Il faisait très-chaud dans ces murs de ronde : j'avisai une bouteille (1) pleine que je vidai, ne sachant ce qu'elle contenait, et la remplis à une fontaine qui se trouvait là : je me désaltérai, et Monseigneur, passant de nouveau près de moi, manifesta le désir d'en faire autant. Après l'avoir complétement vidée et rincée, je remplis cette bouteille de nouveau et la lui présentai : il but à longs traits et en offrit à M. Deguerry, qui l'accompagnait toujours, mais qui refusa.

Monseigneur m'adressa quelques paroles d'en-

____

(1) Cette bouteille appartenait à M. l'abbé Guébels, et contenait de l'eau filtrée que sa sœur lui avait envoyée, circonstance que j'ignorais.

couragement et d'espérance et me donna sa béné-
diction : ce fut la seule fois que je vis la figure ve-
nérable et si sympathique de l'archevêque, mais,
dussé-je vivre cent ans, ses traits ne sortiront
jamais de ma mémoire : je ne pouvais penser que,
quelques moments plus tard, il allait être lâchement assassiné.

Presque aussitôt on nous fît regagner nos cellules. Le même soir nous entendîmes une fusillade dans les murs de ronde, et le lendemain nous
apprîmes le massacre de Monseigneur et des cinq
autres martyrs (1) : nous étions plongés dans la
stupeur, nous nous attendions tous à chaque instant
à subir le même sort.

Les quatre journées que nous passâmes à la
Roquette furent quatre journées d'agonie et d'an-
goisses poignantes, qui redoublaient pendant la
nuit, surtout après cette infâme exécution.

En effet, toute la nuit les gardiens se croisaient
dans les corridors ; on entendait des appels de
noms qu'on ne pouvait distinguer. M. Géraux
frappait à chaque instant à la cloison pour me demander si j'avais saisi les ordres que les gardiens

____

(1) Avec l'archevêque furent assassinés : M. Deguerry,
curé de la Madeleine; MM. Clerc et Ducoudray, jésuites ;
M. Allard, prêtre, et M. Bonjean, président de la Cour de
cassation.

se transmettaient ; par notre fenêtre commune, nous nous communiquions, M. Walbert et moi, nos sinistres appréhensions ; on comprend facilement qu'une pareille préoccupation nous ôtait tout sommeil, et les tortures physiques venaient s'ajouter aux tortures morales.

Ce jeudi matin 25 mai, à la suite d'une exécution aussi inique et aussi infâme, tout était confusion dans la prison, et nos cellules, ainsi que celles des militaires renfermés dans les corridors correspondants avec les nôtres, furent laissées ouvertes après les travaux de propreté : nous sortîmes tous et nous liâmes connaissance ; le malheur commun est un lien d'amitié. L'un d'eux, dont je n'ai pas su le nom, ni ne remarquai le numéro du régiment, me montra la première phalange de l'index de la main droite d'un des martyrs fusillés et qu'il avait ramassé sur le lieu du massacre ; nous apprîmes plus tard que ce doigt avait appartenu à l'archevêque.

Je liai connaissance plus intime avec le caporal Arnoux (1) du 9ᵉ de ligne et le sergent-major Teyssier, du 1ᵉʳ tirailleurs algériens.

Le caporal Arnoux et moi, nous projetons de nous défendre, et cette idée, dont nous parlons à quelques-uns de nos camarades qui l'approuvent

(1) Actuellement sergent au 5ᵉ de ligne, au Havre.

avec chaleur, se communique à tous en un clin d'œil, comme une étincelle électrique.

Déjà dans les autres sections il avait été question de se défendre, et le sergent de ville Kœnig en avait parlé à son sous-brigadier, M. Rougé, et ils avaient ensemble combiné et proposé un système de barricades en cas d'attaque, ou qu'on fût venu les appeler pour aller à la boucherie humaine qu'on appréhendait tous les jours.

On nous permit encore ce jour-là de descendre à la promenade, moins les militaires ; mais l'absence de nos six compagnons de la veille nous rendait tous tristes.

Ce fut notre dernière sortie.

Le lendemain, vendredi 26, nous passâmes la journée dans les corridors; j'avais essayé de démonter la porte d'une des cellules et m'étais rendu compte qu'on pouvait en venir à bout; c'eût été neu arme terrible pour jeter sur nos ennemis en cas d'attaque; mais cette idée fut abandonnée.

Vers les quatre heures du soir on fit descendre onze prêtres de la 4ᵉ section (1), des sergents de ville et des gardes de Paris, qui étaient placés un

(1) C'étaient MM. Olivaint, de Bengy et Caubert, jésuites; Tuffier, Rouchouze, Radigue et Tardieu, picpussiens; Sabatier, vicaire ; Planchat, prêtre Benoît, prêtre, et Seigneret, séminariste.

étage au-dessous de nous : peu après les sergents de ville remontèrent, et les gardes de Paris et les prêtres et quelques laïques furent conduits à Belleville et firent partie de la grande hécatombe de la rue Haxo.

Ce jour-là comme la veille, on ne nous distribua pas de vivres.

Toutes les fois que dans la nuit nous entendions marcher dans les corridors, nous pensions être arrivés à nos derniers moments et nous prêtions une oreille attentive pour savoir à qui était le tour de marcher à la mort.

Le soir à cinq heures, M. l'abbé Guébels, vicaire à Saint-Éloi, vint me trouver dans ma cellule n° 5 et me dit qu'il pensait être arrivé à ses derniers moments (1) et qu'aucun des prêtres n'échapperait probablement ; que moi, laïque, j'avais plus de chance de me sauver, et il me pria de remettre à sa sœur son testament, qu'il écrivit au crayon et me remit ; je lui promis d'exécuter ses dernières volontés, si les événements se passaient tels qu'il le pensait (2).

Je mis ce précieux morceau de papier dans mes

(1) Ainsi que je l'ai dit plus haut, M. Edouard Guébels a échappé à la mort comme toute la 3ᵉ section.

(2) M. Guébels et sa famille voulurent bien me laisser ce précieux document que je conserve comme une relique.

souliers, et plus tard, lorsque je changeai de chaussures, je le mis dans ma poche, où il fut taché du sang des fédérés morts, au milieu desquels j'étais couché au Père-Lachaise.

Mais n'anticipons pas sur les événements.

Le matin de ce même jour, vendredi 26, nous eûmes tous la pensée qu'on voulait nous détruire en grand en incendiant la prison, comme on nous l'avait fait pressentir, ce qui serait indubitablement arrivé à l'aide des bombes à pétrole qui avaient été amassées à la Roquette ; mais le temps et les circonstances ont manqué aux incendiaires.

En effet, une batterie de fédérés était établie au Père-Lachaise au-dessus du boulevard des Amandiers à la tour dite Tour carrée, et envoyait une pluie de boîtes à balles et d'obus qui rasaient les toits de la prison, ou venaient s'abattre dans les cours.

Un obus frappe une cheminée, dont les débris tombent dans la grande cour où se promenaient les condamnés ; nous nous communiquions nos pensées à travers les cloisons ou par les fenêtres de nos cellules, et nous nous disions : C'est fait de nous, on va en finir ainsi.

Un autre obus pénètre au-dessus de ma cellule et de celle de M. Walbert, traverse le plancher, éclate et nous couvre de plâtras et de démolitions, sans autre accident ; nous étions renfermés, et les gardiens refusaient de nous ouvrir nos cellules pendant cette canonnade qui dura toute la journée ; mais nous fîmes tant de bruit qu'on se décida à nous ouvrir.

J'avais toujours eu l'idée de m'évader, et dans cette prévision j'avisai la cantinière qui nous apportait des vivres et voulus avoir des intelligences au dehors ; aussi, dans un moment opportun, je lui dis : « Madame, vous êtes mère de famille, et moi aussi j'ai des enfants que j'aime comme vous pouvez aimer les vôtres ; dans le cas où je pourrais m'évader, pourrais-je compter sur votre assistance ? » Elle se mit à pleurer et me dit. « Oui, mon enfant; je vous recevrai et tâcherai de vous sauver. » En effet, c'est ce qu'elle fit plus tard.

Enfin, le samedi 27, me trouvant indisposé, je demandai à parler à M. le directeur : ce fut le pharmacien qui me reçut et me fit conduire à l'infirmerie des condamnés politiques.

Tous, amis et ennemis, nous pressentions la fin de l'horrible drame qui se jouait depuis si longtemps autour de nous.

C'est une heure et demie environ après mon départ pour l'infirmerie que prêtres et soldats com-

mencèrent à se barricader et à percer les planchers
pour communiquer tous ensemble (1).

(1) Voir la brochure de M. l'abbé Amodru, déjà citée,
pages 33 et suivantes.

FIN DE LA PREMIÈRE PARTIE.

DEUXIÈME PARTIE

C'est à partir de ce moment que commencent les péripéties terribles par lesquelles j'ai passé et qui m'ont fait intituler mon récit simple et vrai, mais dénué de toute rhétorique, car je ne suis qu'un ouvrier sans instruction première, malheureusement : *La Nuit d'un otage.*

Sur les quatre heures du soir, on me fit descendre de l'infirmerie pour me fusiller, ainsi que beaucoup d'autres de mes compagnons de captivité qui ne se trouvaient pas dans les sections qui s'étaient barricadées.

Le désordre était grand. Nous étions descendus à l'appel de nos noms, mais aucun gardien ne nous accompagnait.

Je m'élance dans les corridors : je rencontre le sieur Lamiral, garde de Paris, qui ne savait où se diriger ; je le prends par le bras et le fais cacher dans un placard à linge dont je fermai la porte ; il y resta jusqu'au lendemain matin et fut sauvé ainsi.

Puis j'aperçois M. Chevriaux, proviseur du lycée de Vanves, que je ne connaissais pas alors, à qui un gardien barrait le passage ; je le prends par la main, l'entraîne dans la deuxième salle de l'infirmerie de droit commun, et le fais mettre dans un lit vide. Un jeune Polonais détenu me fait retirer mes vêtements et mes souliers, me donne des sabots et me donne des effets de la prison ; j'eus soin de cacher le testament de M. l'abbé Guébels dans mes vêtements ; je me couche alors dans le lit de l'infirmerie n° 17, qui était vacant.

Lorsque nous entrâmes à l'infirmerie, l'un des détenus malades voulut s'y opposer, disant qu'ils seraient fusillés avec nous ; sans l'intervention énergique du Polonais, je ne sais ce qu'il serait advenu de nous.

Nous échappons ainsi à la recherche des gardiens, qui passèrent auprès de nous en criant, les larmes aux yeux, qu'on allait les fusiller à notre place : nous nous gardâmes de souffler.

Quelques instants après, un détenu préposé aux bains, nommé Verchien, me conseille de me cacher ailleurs et me fait passer dans l'étuve des bains où il avait préalablement fait passer un courant d'eau froide.

Il y avait à peine un quart d'heure que j'étais dans cet endroit, quand j'entendis les fédérés, accompagnés des forçats (1), à qui ils avaient donné la liberté,

(1) Parmi lesquels deux condamnés à mort, qui furent repris plus tard : l'un fut exécuté, l'autre condamné aux

poursuivre le gardien Pinet accusé d'avoir laissé échapper les otages.

Le malheureux Pinet se réfugia par un escalier conduisant aux deuxième et troisième sections, qui s'étaient barricadées ainsi que je l'ai dit plus haut ; on fit une brèche à la barricade et le gardien fut accueilli. Il avait eu soin de fermer les portes derrière lui.

Ces forcenés attaquent la porte avec furie en criant : « Les prêtres sont aussi là-haut, enfonçons la porte, nous les aurons avec le gardien. » Je voyais tout à travers un vasistas. Je tremblais pour mes amis, et d'un autre côté j'entendais la fusillade de l'armée libératrice.

Une idée me vint ; me servant des mains comme d'un porte-voix, je crie d'une voix tonnante : *Voilà l'armée de Versailles !* Un moment de silence se fait parmi ces bandits, ils hésitent ; mais, revenus de leur stupeur, ils redoublent de coups après la porte qui allait céder.

Sans me décourager, je répète mon cri encore plus fort, et au même moment, comme pour me donner raison, les balles viennent en plus grand nombre s'aplatir contre les murs de la prison, et l'une d'elles vient, par ricochet, blesser

travaux forcés à perpétuité ; tous ces misérables avaient été armés de chassepots.

au bras un des hôtes habituels de la prison.

La panique s'empare alors de ces forcenés et tous de fuir dehors : si ce n'eût été horrible, c'eût été grotesque de voir des gens affublés d'oripeaux si disparates s'enfuir comme une volée de pigeons de couleurs différentes.

N'entendant plus rien, je sors de mon étuve et n'aperçois plus dans la cour que quelques fédérés : je m'arme alors d'un morceau de fonte qui se trouve à ma portée, et je cherche à rejoindre mes compagnons de la troisième section ; mais leur barricade, qu'ils avaient refermée solidement, m'en empêche.

Les événements se succédaient rapidement ; j'aperçois un prêtre (1) qui, dans la confusion, entrait à l'infirmerie ; je cours à lui (j'étais toujours habillé en voleur), je l'engage à quitter ses vêtements ecclésiastiques, ce qu'il fit à l'aide de prisonniers qui se trouvaient là, et je le fais coucher dans un lit vide.

Je sors alors de la prison pour me rendre compte de ce qui se passait au dehors ; en traversant la cour, j'entends un des gardiens qui exhortait les otages barricadés à descendre, prétextant qu'il y allait de leur intérêt et de leur salut ; j'aperçois le corps de M. Chaulieu, otage civil, étendu près de la prison des jeunes détenus, puis près de moi

(1) J'ai su depuis que ce prêtre était M. l'abbé Petit, secrétaire général de l'archevêché.

Mgr Surat ; je cours à lui, une balle érafle le col de ma capote et va tuer ce digne prêtre, qui était d'une stature bien plus élevée que la mienne ; il reste un moment debout, je vais le saisir, et il s'affaisse dans mes bras (1).

Je rentre alors dans la prison, en traversant les rangs des insurgés (2) qui gardaient le poste, et je crie à mes compagnons : « Mes amis, ne descendez pas, on assassine les prêtres dans la rue. »

Ma voix fut couverte par les bruits de toute sorte ; cependant MM. l'abbé Guillon, l'abbé Carré ret M. Gévaux l'entendirent, et ils restèrent baricadés.

Je passe enfin une troisième fois au milieu des quelques gardes qui restaient là et m'échappe en suivant la rue de la Folie-Régnault, qui se trouve peu loin de la porte de la Grande-Roquette.

Mon costume de forçat me tenait lieu de passe-ort : en effet, un fédéré m'interpelle ainsi : « Eh ! dis donc, voleur, viens ici et prends ce flingot-là : tu sais, c'est pour la bonne cause ! »

Je prends le fusil et continue mon chemin, mais

(1) J'affirme la véracité de ces faits, qui sont contraires à tout ce qui a été dit sur la mort de Mgr Surat devant les conseils de guerre.

(2) Ces insurgés étaient des tout jeunes gens et des vieillards, tous ivres ou à moitié, et porteurs de costumes tous disparates.

le canon et la mitraille faisaient rage. Dans cette même rue, un autre fédéré m'appelle pour lui aider à sortir une voiture à bras d'un chantier entouré de planches : je vais à lui, je dépose mon fusil derrière la palissade et j'aide à cet homme, puis je pars, oubliant, bien entendu, de reprendre mon fusil.

C'est alors que je m'informe de la demeure de notre cantinière, Mme Rigoulot, qui nous apportait des vivres dans la prison et qui nous a été d'un utile secours, car, ainsi que je l'ai déjà dit, on oubliait volontiers que nous pouvions avoir faim.

Cette femme, qui savait que des fédérés, gardiens de la prison, rôdaient aux environs à la piste des otages qui cherchaient à s'échapper à la faveur du désordre, ne voulut pas d'abord me recevoir, craignant que je sois tué chez elle : j'insistai et je troquai ma coiffure et mon habit de condamné contre une blouse et une casquette appartenant à son fils.

La première idée qui me vint fut de me rendre immédiatement chez moi pour revoir ma femme et mes enfants qui étaient ignorants de mon sort, comme moi j'étais ignorant du leur ; mais comment y parvenir ?

Je remonte la rue de la Folie-Régnault, je traverse le passage du même nom et essaye de filer devant la barricade des Amandiers ; je suis sommé d'y aller grossir le nombre des défenseurs ; je refuse et me sauve du côté du Père-Lachaise ; j'essuie une décharge générale qui ne m'atteint pas : la nuit commençait à tomber. Je traverse la chaussée et vais me réfugier haletant, harassé près d'une palissade qui existe encore au n° 29 du boulevard de Ménilmontant : je m'asseois un instant sur une espèce de terre-plein, mais j'étais exposé aux coups de feu de l'armée régulière qui occupait le boulevard de Charonne, et à ceux des fédérés qui étaient à la barricade.

A travers la mitraille et les balles, je traverse la chaussée de nouveau et j'arrive au coin de l'entrée du Père-Lachaise, près de l'urinoir : je ne vois pas, dans ma précipitation, que la porte du cimetière était ouverte, quoique encombrée de voitures à bras. Je cherche à escalader les murs (1), mais ne pouvant y parvenir, j'avise deux grosses pierres que je pose l'une sur l'autre, et abandonnant les sabots de la prison, j'arrive enfin à mon but! je me croyais relativement en sûreté, mais les balles sifflaient autour de moi comme grêle ! Enfin, après avoir erré pendant quelque temps entre les tombes et les cadavres accumulés des insurgés, par une nuit obscure, je prends le parti de me faufiler entre des

---

(1) Ces murs ont 2ᵐ 30 à 2ᵐ 50 du côté du boulevard et font terrasse dans le cimetière.

orps morts et d'affecter leur immobilité, pour me reposer un peu : j'étais du reste épuisé, n'ayant rien pris depuis la veille.

Il y avait trois heures et demie environ que j'étais dans cette position ; il pouvait être onze heures du soir, lorsque j'entends non loin de moi des fédérés qui fuyaient et se hâtaient de se dépouiller de leurs vêtements de gardes nationaux ; ils avaient cotte et blouse en dessous ; je me lève, je les suis, ils arrivent près du mur du Père-Lachaise et se laissent glisser sur le boulevard : ne calculant pas que j'étais pieds nus, je saute à terre d'un bond ; ils se trouvent tout étonnés d'être quatre, de trois qu'ils étaient auparavant ; je leur dis que je suis comme eux, mais que je demeure loin de là et leur demande à les accompagner chez eux où je leur payerais à boire. Cette dernière considération et ma tenue hétéroclite les décident.

Ils me conduisent à leur domicile qui se trouvait à deux pas, passage de la Folie-Régnault, 16, dont l'un, nommé Grangeot, était le concierge de la maison, et les deux autres, Latour et Giroux en étaient locataires. Je leur donnai de l'argent pour aller chercher à boire. Il y avait encore quelques marchands de vins ouverts : me prenant pour un des leurs, ils ne se gênèrent plus devant moi et j'appris d'eux qu'ils faisaient partie de la bande qui avait dévalisé et enlevé les cadavres de Mgr Darboy, M. Deguerry et les quatre autres victimes assassinées le même jour ; ils me racontèrent comment, après avoir fait placer les victimes le long du mur de ronde, on avait fait sur elles deux espèces de feux de peloton mal exécutés, que Mgr était resté debout, ce que le capitaine commandant l'exécution ayant aperçu, s'écria qu'il ne fallait pas faire souffrir ainsi les gens, et s'approchant de l'illustre martyr, lui déchargea dans la tête un pistolet d'arçon, et se vantait après d'avoir commis la plus belle action de sa vie.

Puis le détail du transport des cadavres au Père-Lachaise ; le temps était mauvais, les terrains boueux : on fit deux voyages des corps morts, dans une voiture à bras appartenant à l'entrepreneur de chaussures de la maison.

Ils ne purent arriver avec leur voiture jusqu'au trou qui avait été préparé pour les victimes, on en prit chacun une par les pieds et on les traîna ainsi jusqu'à cette fosse, la tête et les bras pendant à terre : là, à deux, on les lançait dans le trou.

Latour racontait comment il s'acharnait après un grand vieillard à cheveux blancs, qu'au portrait qu'il en fit, je reconnus pour être M. Deguerry, curé de la Madeleine ; après l'avoir fouillé partout et lui avoir déchiré ses vêtements en partie, il parvint à trouver dans une poche dissimulée du gilet de flanelle un petit porte-monnaie en ivoire, contenant 700 fr. en or, qu'il remit à un capitaine de fédérés qui se trouvait là, lequel en retira 10 fr. pour être partagés entre les douze hommes chargés de cette belle équipée, pour laquelle Latour avoua devant le sixième conseil de guerre avoir reçu 60 centimes.

Les hommes de garde à la prison de la Roquette avaient refusé de prêter leur concours pour l'assassinat de ces nobles victimes; mais ces tigres altérés de sang envoyèrent à la mairie du XIe arrondissement chercher des volontaires de Bergeret, des francs-tireurs de la Commune, des gens de tous les pays, échappés des prisons, vomis par les bouges les plus infects, qu'on avait eu soin de faire enivrer d'abord, même avant de commettre ce forfait qui sera une des plus grandes hontes de ces temps malheureux.

Pendant ces colloques, je demandai une chandelle à une vieille femme qui se trouvait là, pour aller gagner la chambre qu'ils m'avaient louée au troisième étage; en me retirant, je l'entendis dire à ces trois hommes : « Je crois bien reconnaître ce gros-là : je l'ai vu entrer à la Roquette avec des prêtres il y a trois ou quatre jours; ce doit être un otage. »

Ils baissèrent alors la voix, et les quelques paroles que j'entendis me firent comprendre qu'ils voulaient se défaire de moi : si ce n'eût été l'approche de l'armée de Versailles, ils m'eussent fusillé, mais mon cadavre les eût embarrassés, et ils étaient indécis.

Je montai alors à la chambre qui m'était destinée et qui donnait sur le devant dans le passage : je me barricadai le mieux que je pus, à l'aide des meubles misérables qui se trouvaient là, prêt à vendre chèrement ma vie en cas d'attaque, et ne dormis pas comme on le pense ; du reste, des milliers d'insectes s'y seraient opposés.

Pour obvier à ce petit inconvénient, je résolus de laisser ma chandelle allumée et la plaçai près de la fenêtre sur une table boiteuse ; j'entends un grand bruit, comme si le vent s'engouffrait avec violence à travers un carreau cassé, et ma chandelle s'éteint ; je la rallume et la replace au même endroit. A peine venais-je de me retirer que ma chandelle est coupée et j'entends une balle siffler à mes oreilles ; je me rendis compte du premier bruit que j'avais entendu et je laisse ma chandelle non allumée, et ne me risquai de sitôt à la fenêtre ; je m'armai du chandelier, prêt à faire résistance en cas d'attaque du dehors.

Au crépuscule je me glisse le long des murs de

ma chambre et cherche à me rendre compte de la position des combattants ; je voyais l'armée de Versailles gagner du terrain à chaque instant et j'aurais pu préciser l'heure à laquelle j'aspirais et que je pensais être l'heure de ma délivrance.

Enfin, à quatre heures du matin, les soldats cernent la maison et frappent à la porte à coups de crosse de fusil.

Les Latour et compagnie ne voulaient pas ouvrir : je démolis ma barricade improvisée, et, me précipitant dans les escaliers, je les écarte brusquement et ouvre la porte à l'armée, qui nous fait tous prisonniers.

J'étais dans un état affreux et repoussant ; une barbe inculte de vingt-cinq jours, plus de chaussures aux pieds, une cotte déchirée, une blouse trop étroite qui me collait sur moi et remplie de sang par mon séjour prolongé parmi les cadavres ; j'étais hideux.

A ma vue, le commandant des troupes régulières me désignant à ses soldats s'écrie : « Fusillez-moi cet homme-là ! » M'approchant de lui, et conservant toujours mon sang-froid et ma présence d'esprit : « Commandant, lui dis-je, vous ne me ferez pas fusiller : je suis un otage échappé hier soir de la Roquette, qu'on m'y reconduise, et si je mens, vous me ferez fusiller. Quant à ces hommes, ajoutai-je en me tournant vers Latour, Grangeot et Giroux, qui étaient atterrés en reconnaissant que je n'étais pas des leurs, ne leur faites rien pour le moment : ils auront à répondre de leurs actes devant la justice du pays. »

Après un moment d'hésitation, cet officier consentit à ma demande et me fit accompagner par un piquet de soldats composé d'un lieutenant, d'un sergent et douze hommes.

Je croyais être arrivé à l'apogée de mes infortunes, mais le trajet que je fis de la demeure de ces gens à la prison de la Roquette fut le moment le plus douloureux et le plus terrible que j'aie eu à passer.

L'armée s'était emparée des prisons de la grande et de la petite Roquette, et les soldats remontaient de chaque côté de la rue et du passage de la Folie-Régnault, en observant les fenêtres ; en me voyant défiler comme prisonnier et dans un accoutrement si misérable, ils me prenaient pour un insurgé de la pire espèce et me couchaient en joue en proférant des menaces de mort contre moi.

Sans l'énergie de l'officier et du sous-officier commandant le détachement, j'aurais été sûrement sacrifié à la juste colère de la troupe.

J'appréhendais en outre qu'il n'y eût plus d'otages à la Roquette et qu'on les eût tous délivrés immédiatement, car alors je n'aurais pu me faire reconnaître et j'eusse été passé par les armes sans autre forme de procès.

Enfin nous arrivons à la prison, et là finit mon calvaire : les gardiens me reconnaissent ainsi que les otages Lefebvre, garde de Paris à la caserne Lobau, et Fourtier, gardien de la paix du XXe arrondissement, qui avaient été forcés de rester à la prison étant malades.

Tous m'acclament, me donnent l'accolade, car la communauté de malheurs nous avait rendus tous frères ; les soldats reviennent de leur mauvaise impression à mon égard et me font fête.

Enfin, M. le colonel chef d'état-major des Plas me signe un laisser-passer, et je puis enfin rejoindre ma femme et mes enfants, qui ne m'avaient pas vu pendant tout le temps de ma captivité et qui heureusement n'avaient eu aucun soupçon des graves périls auxquels j'avais si miraculeusement échappé, ne pouvant admettre qu'on pût condamner à mort des gens qui n'avaient jamais fait que du bien à leurs semblables.

Je garderai toujours dans mon cœur le souvenir de mes amis de la Roquette, qui tous, sans exception, m'ont donné depuis des marques d'amitié et d'intérêt, et je puis dire qu'aucun n'a faibli devant la mort qui planait sur nos têtes.

Les prêtres n'étaient pas les moins courageux; tous nous consolaient et nous engageaient à ne pas nous laisser égorger traîtreusement; je leur rends hommage à tous et à ceux de ma section que j'ai principalement connus :

M. l'abbé Carré, M. l'abbé Lamazou, M. l'abbé Amodru, dont les fronts rayonnaient de l'enthousiasme du martyre et de la foi en la Providence divine pour notre salut; de M. l'abbé Guillon, du R. P. Bazin, de tous enfin, qui, depuis notre sortie de prison, n'ont cessé de me donner des marques d'amitié et de leur estime et dont je les en remercie ici du plus profond de mon cœur et dont les noms sont vénérés par tous mes enfants.

Juillet 1873.

Signé : **CRÉPIN,**

Président et fondateur de la Société des otages survivants.

FIN DE LA NUIT D'UN OTAGE.

LE

CALVAIRE DE LA RUE HAXO

Le 26 mai 1873, après avoir assisté, en la compagnie de plusieurs otages survivants, à la messe commémorative dite à la mémoire de nos pauvres compagnons de captivité massacrés par la Commune le 26 mai 1871 rue Haxo (79 à 85), nous montâmes visiter le lieu du supplice.

C'est une vaste propriété qui est inhabitée depuis cette époque.

Nous fûmes frappés de l'espèce d'oubli où étaient restés nos malheureux compagnons, car rien ne venait rappeler leur souvenir.

Les habitants du quartier, artisans ou commerçants, maudissent la mémoire des assassins qui les ont rendus pour ainsi dire solidaires de leur crime infâme en jetant la réprobation sur ce quartier.

Je résolus de remédier à ce mal et de faire le bien sur le lieu même où se commirent des crimes aussi inouïs.

Dans cette grande propriété, aménagée à cet effet pour ainsi dire, on va élever une chapelle expiatoire, créer un musée de souvenirs historiques se rapportant aux événements de la Commune, et établir une crèche, un ouvroir pour les ouvriers de passage nécessiteux qui prouveront leur identité et leur moralité, des bains à prix de revient pour le quartier qui en est dépourvu, bibliothèque choisie, gymnase, etc , etc.

Puis dans les quinze à dix-huit pavillons restants y

amener des industriels honnêtes, qui ramèneront la vie dans ce quartier par le travail et l'ordre, et enfin changer la physionomie de ce dit quartier, qui, loin de passer pour un foyer incendiaire, sera un quartier d'honnêtes gens et de conservateurs de toutes nuances.

J'ai donc acheté cette propriété, que la Société des otages se propose de payer en faisant appel à tous les gens d'ordre et désireux du repos public.

Depuis six semaines que j'y habite, j'ai pu, avec les renseignements nouveaux et ceux que j'ai pris depuis deux ans que je poursuis mon œuvre, reconstruire d'une manière exacte le chemin du calvaire suivi par nos cinquante-deux camarades de captivité.

Ainsi que je l'ai dit dans la *Nuit d'un otage*, le 26 vers les quatre heures du soir à la Roquette, on fit descendre des prêtres, des gendarmes, des sergents de ville et quelques civils, en tout environ quatre-vingts à quatre-vingt-dix personnes (1) pour les fusiller ; mais, craignant qu'un aussi grand nombre ne veuille pas se laisser mener à la mort comme un troupeau de moutons, on fit malheureusement remonter les sergents de ville ; je dis malheureusement, parce que indubitablement ces hommes se seraient révoltés, étant en nombre, ce qui eût bien sûrement changé la face des choses.

On avait dit à ces malheureux qu'ils allaient être mis en liberté ; presque tous les gendarmes avaient sac au dos ou leurs effets dans des mouchoirs.

Jusque-là, les assassins n'étaient pas bien fixés sur l'endroit où ils voulaient mener leurs victimes, fatalement vouées à la mort.

On leur fit monter la rue de la Roquette jusqu'au

___

(1) MM. Soissong, Renaud, sergents de ville, et tant d'autres pourront constater ce fait.

cimetière du Père-Lachaise; arrivé à la barricade de la
rue des Amandiers. qui était fortement occupée par les
communards, l'officier commandant l'escorte demanda
un renfort au nommé Devarennes, commandant du
174ᵉ bataillon, qui lui donna quelques hommes com-
mandés par un capitaine; on suivit le boulevard de
Ménilmontant jusqu'à la rue du même nom, et plus
ils s'avançaient, plus la bande se recrutait de gens
sans aveu et armés, hommes, femmes, vieillards et
enfants à figures sinistres.

On prit ensuite la rue de Puébla et la rue des Rigolles
à droite; la foule devenait plus compacte et plus me-
naçante et vociférait des menaces de mort contre les
condamnés et les accablait des outrages les plus san-
glants.

Le citoyen Ranvier (1), maire de Belleville à cette
époque de sinistre mémoire, les mains derrière le dos,
appuyé sur la grille de l'église, avait envoyé un de ses
acolytes donner ordre au commandant de l'escorte,
qui était un officier à cheval en tenue de garibaldien,
de faire entrer les otages à la mairie de Belleville, et
qu'il leur accordait un quart d'heure pour écrire à
leurs familles ou faire leur testament. Ils pénétrèrent
dans cette mairie par la rue des Rigolles; ils y restèrent environ vingt minutes, pendant lesquelles on
entendit deux coups de feu, probablement l'exécution
de deux d'entre eux.

Ils sortirent ensuite par la grille de la mairie don-
nant sur la rue de Belleville, et le maire, toujours

____

(1) Le lendemain 27 sur le midi, le citoyen Ranvier
embrassa sa femme et sa fille, montra chez un marchand
de vin son laisser-passer et l'or et l'argent qu'il avait sur
lui. et dit à ceux qui étaient présents qu'il abandonnait la
partie; en effet, il sortit par la porte de Romainville et
franchit les lignes prussiennes.

dans la même position, dit au commandant du cortége : « Qu'on me conduise ça aux fortifications et fusillez ! » (Textuel.)

Déjà la colère paraissait monter à la tête des otages. Quand on fut à la hauteur de la rue Levert, la figure des soldats sombre et énergique parut faire impression sur le capitaine garibaldien, qui, craignant une révolte de ses prisonniers, les appréhenda en ces termes : « Mes amis, je n'écouterai pas les ordres de Ranvier ; vous devez passer en jugement et je vous conduirai au secteur : là, ceux qui seront reconnus n'avoir rien fait contre la Commune seront mis en liberté. » Quelques naïfs crurent à ces paroles ; d'autres, dans le doute, n'osèrent pas, par une révolte prématurée, compromettre la vie des prêtres qui étaient avec eux (1). Mal leur en prit, car, si à ce moment ils fussent sautés sur leur entourage et qu'ils se soient emparés des armes des hommes qui se trouvaient à leur portée, la population honnête du quartier, qui était exaspérée et frémissait d'horreur devant tant d'ignominies, leur eût ouvert ses portes pour les mettre à l'abri de la fureur de ces misérables ; on eût fait cause commune avec eux en leur prêtant main forte.

Arrivé à la rue Haxo, où se trouvait l'ancien secteur commandé par le général Caillé et occupé par la garde nationale honnête et l'armée sous le siège et dont s'étaient emparé les chefs communards, on s'arrêta un moment avant d'y arriver : on voulait entrer dans une grande maison à gauche, qui avait servi de magasins militaires, mais on jugea que c'était trop près de la grande rue de Belleville, lieu fréquenté, et on se décida d'aller jusqu'au secteur.

(1) Les chefs de la Commune avaient eu la précaution de mêler des prêtres à des militaires, pour diminuer les chances de révolte de leurs prisonniers.

Arrivés au n° 85 de la rue Haxo, ils se firent ouvrir la grille, et à ce moment le cortége était composé d'officiers de toutes nuances, de fédérés de costumes divers et d'une foule immonde et inconsciente de tous sexes et de tous âges.

Quelques membres du fameux comité central allèrent en avant et s'érigèrent en tribunal.

Parent, délégué de la Commune, fit semblant de ne pas vouloir laisser entrer la foule; il commanda à ses gardes nationaux de garder la grille par où entraient les otages, mais cette multitude, avide de sang et de carnage et dont la fureur augmentait à chaque instant en pressentant la fin de son règne, se précipita en avant et les déborda.

Un fédéré, doué d'une force herculéenne, habillé en sous-officier d'artillerie, était sur le seuil de la grille. Les prêtres étaient en avant : à chacun d'eux qui passait, il assénait un coup de poing formidable en les accablant d'injures. M. Seigneret, jeune séminariste, eut une velléité de résistance et, tournant la tête de son côté, parut vouloir lui en imposer, mais il reçut un coup tellement violent que sa tête alla porter sur l'angle de la fenêtre du concierge à environ deux mètres de là.

Cependant ils pénètrent tous dans l'enceinte, et là, aucune résistance n'était plus possible.

Ils arrivèrent en suivant le chemin AB (1) jusque sous le balcon du premier étage, où certains délégués du comité central jouaient la comédie d'une espèce de conseil de guerre.

Au bout des bâtiments d'habitation DD se trouve un terrain vague, qui est enclos par un petit mur à hauteur d'appui.

(1) Voir le tracé ci-contre.

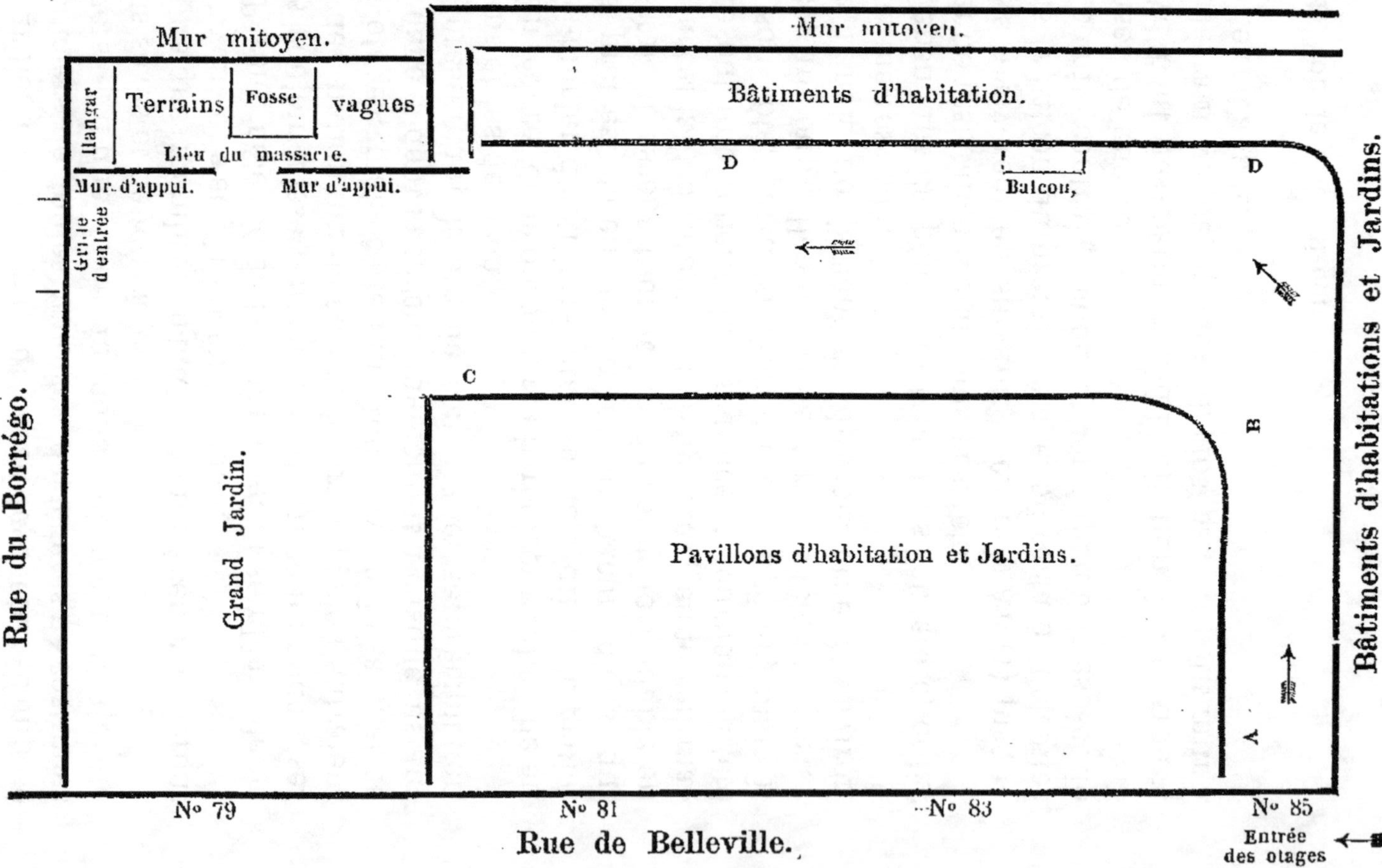

Mur mitoyen.
Mur mitoyen.
Hangar
Terrains
Fosse
vagues
Bâtiments d'habitation.
Lieu du massacre.
D
Balcon,
D
Mur d'appui.
Mur d'appui.
Grille d'entrée
Rue du Borrégo.
Bâtiments d'habitations et Jardins.
C
B
Grand Jardin.
Pavillons d'habitation et Jardins.
A
No 79
No 81
No 83
No 85
Rue de Belleville.
Entrée des otages

Ce fut là le lieu du massacre.

Adossé au mur qui longe la rue de Borrégo, se trouvait un hangar sur lequel se trouvaient montés quelques gamins du voisinage, d'un desquels je tiens ce détail et qui a assisté à l'exécution.

La foule haletante, enfiévrée, réclamait ses victimes. On amena d'abord deux gendarmes, qu'on poussa à coups de baïonnette et de crosse de fusil. Personne cependant n'osait commencer : il y eut un moment d'hésitation très-prononcée, devant surtout l'attitude calme et résignée des victimes.

On fit un appareil de jugement : l'un des officiers fédérés, monté sur un pilastre qui existait au point C, lisait un papier, qui, paraît-il, tendait à disculper les otages, lorsqu'une jeune fille de dix-neuf ans, cantinière (1) d'un régiment de fédérés, s'avance hardiment, le revolver au poing, en disant : « Ils n'en finiront donc pas, ces tas de feignants-là ? tas de lâches ! » Elle tire alors sur les deux gendarmes qui se trouvaient en avant. Ce fut comme le signal de cette boucherie humaine qui dura environ vingt minutes : on poussa les otages par un, par deux, par quatre, par dix, selon la furie des groupes qui les environnaient ils ; buttent sur les corps agonisant de leurs camarades, on les relève à coups de baïonnette et on les tire à coups de revolver à bout portant. Dans leur rage, ces misérables, l'écume de toutes les nations, s'entre-tuent ou se blessent entre eux.

(1) Elle fut arrêtée le lendemain par l'armée et était coiffée d'une calotte de prêtre : elle se vanta hautement de son action, et découvrant sa poitrine : « Fusillez-moi, dit-elle, je sais que je l'ai mérité, mais je me glorifie de ce que j'ai fait ! » Rien ne peut faire comprendre une pareille démence.

Ce fut une scène de carnage horrible, inouïe, et qui dépasse toute espèce d'imagination.

Un homme honorable du quartier, qui demeure place des Trois-Communes, à Belleville, se trouvant à passer par hasard devant le secteur fut entraîné malgré lui par la foule : il fut spectateur de cette tuerie : déjà une trentaine de victimes étaient immolées : il ne peut retenir son dégoût et son indignation.

Quel malheur ! s'écria-t-il tout haut. Deux jeunes gens de dix-sept à dix-huit ans armés de chassepots, l'entendirent et voulurent l'entraîner sur le lieu de la fusillade pour l'assasiner aussi en le traitant de sergent de ville, versailleux, mouchard, etc...

Doué d'une force peu commune, il prit ses agresseurs par le bras et les contint.

L'incident fut assez accentué pour être entendu et aperçu par certains chefs de la Commune, malgré le tumulte et le désordre qui régnaient : ils s'enquérirent de ce qu'il y avait.

Cet homme déclina ses noms et qualité, et déclara habiter le quartier : on le garda à vue pendant quelque temps et on alla aux informations.

Les renseignements furent conformes à son dire, e on jugea qu'il n'y avait pas lieu de le fusiller.

Tous les otages étaient couchés à terre, mais plusieurs respiraient encore et on entendait des cris déchirants ; on plaça les cadavres en monceau sur la fosse que l'on ne connaissait pas encore, et on fit sur ce tas de chair humaine des feux de peloton mal exécutés, histoire de s'exercer la main, et des gens portant des insignes d'officier qu'ils souillaient d'une manière infâme se mirent à trépigner sur les cadavres amoncelés.

Puis tous se précipitèrent pour dépouiller ces nobles victimes : on déchirait les effets à coups de poignard ou de baïonnette ; *toutes* les poches furent trouvées retournées ; qui prenait une calotte de prêtre, un autre une paire de lunettes, une femme se coiffait d'un képi de gendarme ; enfin une scène de sauvagerie à faire rougir les peuplades les plus arriérées en civilisation.

Puis tout ce peuple s'éparpille chez les marchands de vin environnants: c'était à qui exalterait ses hauts faits! les plus criminels parmi les criminels s'en targuaient comme d'un honneur. On laisse les corps pendant la nuit, sous la garde de quelques fédérés, et le quartier devient à peu près désert.

Le lendemain il s'agissait de les ensevelir et de faire disparaître, si faire se pouvait, les traces de ce crime effrayant : ce n'était pas facile.

On essaya de creuser un trou pour y mettre les cadavres ; mais la terre était tellement dure qu'on y renonça. Quelqu'un qui connaissait la propriété sans doute, se rappela qu'il y avait une fosse qui avait été préparée pour une fosse d'aisances, juste où l'on avait fusillé les otages.

On sonda et on vérifia le fait.

On creusa alors deux trous et on y enfouit tous ces corps.

Un capitaine de fédérés chercha dans tout le quartier à se procurer de la chaux ; mais la terreur qu'il inspirait encore fit qu'il ne put en trouver que quelques pelletées, que l'on jeta sur les morts, et tous abandonnèrent ce lieu sinistre. Du reste l'armée approchait.

Ce ne fut que le lundi de la Pentecôte qu'on retrouva les cadavres.

M. Escalle, aumônier chargé du service militaire du 1er corps, M. l'abbé Raymond, vicaire de Belleville, M. Derny, directeur du cercle d'ouvriers de Belleville, rue Levert, et d'autres honorables citoyens cherchèrent pendant trois jours la trace des otages : personne ne voulait parler ; nul ne les avait vus ; la terreur régnait encore, la peur clouait les langues, et on craignait des vengeances.

Enfin, les exhalaisons méphytiques produites par ce tas de cadavres dont la décomposition était activée par la chaleur les firent découvrir.

Ce fut avec de grandes difficultés qu'on parvint à retirer tous ces corps morts de la fosse où ils étaient enfouis ; on prit toutes les précautions qu'exige la salubrité publique, et des gens dévoués se mirent à la tâche.

Il était impossible de rester longtemps dans la fosse ; cependant un jeune officier des francs-tireurs de la presse y resta presque tout le temps de l'opération ; on agrandit un des trous, et on parvint, après bien des efforts, à retirer tous les cadavres.

Les prêtres furent de suite reconnus Les veuves des gendarmes mariés reconnurent leurs maris ; les enfants reconnurent leurs pères ; ce fut une scène de douleur indescriptible dont auraient été émus même les auteurs du massacre.

Les autres gendarmes furent reconnus plus tard par les numéros matricules recueillis à grand'peine sur leurs vêtements souillés, et qui furent relatés sur le procès-verbal dressé par les soins de M. Gitzner, commissaire de police du quartier délégué à cet effet.

Que le sang de ces victimes soit fécond en enseignements pour toi, peuple travailleur ! Régénérons-nous pour l'avenir par une conduite régulière et soumise aux lois, car combien avons-nous à faire pour nous relever aux yeux de l'Europe, aux yeux de la terre entière, des excès infâmes commis pendant cette période de terreur qu'on a appelée *la Commune !*

S'il y a eu quelques égarés, qui, presque tous ont payé de leur tête la faute qu'ils avaient commise de se

trouver en pareille société, combien y avait-il parmi
les coupables de gens sans aveu et déclassés, péro-
reurs de clubs ou de cabarets, des assassins, des voleurs qui, avec l'audace de gens qui n'ont rien à perdre
et rien de plus, ont forcé des gens peureux, mais honnêtes au fond, à prendre part à tous les excès, à tous
les brigandages qu'ils ont commis !

Nous ne reverrons pas, je le crois fermement, un
pareil malheur ; mais pourquoi nous, honnêtes gens,
travailleurs et bourgeois, n'aurions-nous pas aussi de
l'audace, et ne nous sentirions-nous pas les coudes?
Pourquoi ne nous rapprocherions-nous pas les uns
des autres dans des temps aussi calamiteux, s'ils venaient à se présenter de nouveau, et ne payerions-nous
pas d'audace aussi ?

C'est pourquoi j'ai fondé la Société des otages survivants, qui tous ont souffert pour la cause de l'ordre,
de la religion et de la morale, société dont je donne
ci-après les statuts, et nous appelons à nous comme
membres honoraires tous les honnêtes gens de tous
les partis, tous les travailleurs, tous les gens amis de
l'ordre, de la tranquillité et de la grandeur du pays.

Que Dieu veuille que l'ère des révolutions soit fermée
et que la France ne sombre pas dans un de ces cata-
clysmes pareils à ceux qui se sont renouvelés depuis
un siècle.

VIVE LA FRANCE!

Signé : E. Crépin.

27 juillet 1873.

STATUTS

DE LA

SOCIÉTÉ DES OTAGES DE LA COMMUNE

28 Mai 1871.

ART. 1. Une Société est et reste fondée entre tous les otages qui, à un titre quelconque, ont subi, sous la Commune et de sa part, une arrestation, un emprisonnement, un outrage ou une vexation.

ART. 2. Ils se constituent à jamais comme le centre et le groupe d'hommes sérieux qui, pour la cause sacrée de la religion, de l'ordre, de l'autorité et de la propriété, sont prêts, comme ils l'ont prouvé, à lutter, à combattre et à mourir.

ART. 3. Ils s'adjoignent, non à titre d'otages, mais de défenseurs de la Société et des principes énoncés ci-dessus, tous les hommes de cœur qui voudront les suivre dans cette voie.

ART. 4. Ils s'engagent à payer de leur personne par leurs conseils, leur calme, leurs actes, leurs talents, toutes les fois que la grande cause qu'ils représentent sera menacée.

ART. 5. La politique reste étrangère à leurs délibérations sous quelque forme de gouvernement qu'ils se trouvent.

ART. 6. Ils restent solidaires de tout le bien qu'ils peuvent faire en particulier ou en général dans cette Société mais non du mal, méfait, vice, indignité ou tous actes semblables dans toute action privée.

ART. 7. La Société est administrée par un bureau composé d'un président, d'un vice-président, d'un secrétaire, d'un vice-secrétaire et d'un trésorier, et de deux conseillers.

ART. 8. Le contentieux est confié à un tribunal composé d'un président, d'un procureur, de deux assesseurs, de deux jurés et d'un greffier.

ART. 9. Ce tribunal ne pourra être choisi dans le bureau formulé à l'art. 7.

ART. 10. Le bureau d'administration sera nommé par la majorité des suffrages ; une fois constitué ; il nommera lui-même le bureau du contentieux.

ART. 11. Tout membre qui, dans sa vie publique, aura forfait à l'honneur, à la dignité, aux devoirs d'un vrai citoyen, sera traduit par le procureur qui instruira son affaire et la présentera dans les deux mois au tribunal.

ART. 12. La sanction d'une peine afflictive sera la privation des droits de sociétaire, comme le suffrage, la délibération, les dignités et charges, voire même une amende pécuniaire, que les articles organiques spécifieront.

ART. 13. Seront tenus d'assister aux réunions, à moins d'obstacles soumis au président, tous les membres jouissant de leurs droits de sociétaires.

ART. 14. Une réunion générale aura lieu au moins une fois par an, à l'anniversaire des massacres des otages.

ART. 15. En entrant dans la Société, chaque membre s'engage à payer six francs par an, soit 0 fr. 50 par mois.

ART. 16. La Société s'engage à ouvrir sur son trésor un crédit suffisant pour subvenir aux besoins généraux et privés des sociétaires.

Art. 17. Comme insigne commémoratif et distinctif. la Société accepte la croix des otages, aux armes de Mgr Darboy, archevêque de Paris, comme la plus nobl, des victimes de la Roquette.

Art. 18. Ils le porteront aux réunions, convois et assemblées, voire même dans la vie privée, à leur choix.

Art. 19. Tout membre s'engage à aider en toute circonstance de son pouvoir, crédit, protection, appui et argent un sociétaire qui en aurait besoin.

Art. 20. En cas d'impuissance personnelle, tout membre qui en connaît un autre dans le besoin en réfère immédiatement à l'autorité qui doit aviser.

Art. 21. Les frais de maladies, convois, veuves et orphelins sont à la charge de la Société au vingtième de son actif.

Art. 22. Dans un cas pressant le bureau pourra accorder un secours en rapport avec les besoins signalés, à charge de régulariser ensuite.

Art. 23. Notre Société devient et reste l'*Internationale* des honnêtes gens et des conservateurs.

Art. 24. Chaque année aux jours des massacres, les otages se réunissent à un office divin en mémoire des victimes assassinées sous la Commune et se donnent à leurs frais dans les conditions les plus modestes des agapes fraternelles, qui, semblables à celles des premiers chrétiens, seront destinées à resserrer les liens qui les ont mis dans le malheur et leur rappelleront la protection divine dont ils ont été l'objet au jour de leur délivrance.

Art. 25. La qualité d'otage ne pourra être donnée qu'à ceux qui prouveront avoir été incarcérés par les ordres ou les agents de la Commune, comme ennemi de ses principes ou de ses actes. De plus, ils devront donner acte de leur délivrance par l'armée régulière, sans pouvoir espérer cet honneur dans le cas où la Commune elle-même les aurait préalablement mis en liberté.

ART. 26. La Société en se constituant a voulu laisser aux familles des otages, aux honnêtes gens et conservateurs de toute nuance, un souvenir impérissable des souffrances qu'ils ont endurées pour la cause sacrée de la religion, de la patrie, de la famille et des principes plus haut nommés ; afin que, si la France, par malheur, était encore exposée à subir une pareille catastrophe, leurs contemporains, leurs familles et leurs descendants y pussent trouver à jamais un exemple d'honneur, de grandeur morale et des immenses devoirs qu'ils devraient accomplir pour soutenir les immortels principes qui sont la base de toute société civilisée et pour lesquels les otages soussignés n'ont point hésité à subir la plus inique des captivités et à verser leur sang.

DIEU ET LA FRANCE!!!

(2190) — PARIS. IMP. JULES LE CLERE ET Cᵉ, RUE CASSETTE, 29.

PARIS. IMP. JULES LE CLERE ET Cie, RUE CASSETTE, 29.